하나님의
딸꾹질

김종태 시집
하나님의 딸꾹질

인쇄 | 2024년 10월 1일
발행 | 2024년 10월 7일

글쓴이 | 김종태
펴낸이 | 장호병
펴낸곳 | 북랜드
　　　　04556 서울 중구 퇴계로41가길11-6, JHS빌딩 501호
　　　　41965 대구시 중구 명륜로12길 64(남산동)
　　　　대표전화 (02)732-4574, (053)252-9114
　　　　팩시밀리 (02)734-4574, (053)252-9334
　　　　등록일 | 1999년 11월 11일
　　　　등록번호 | 제13-615호
　　　　홈페이지 | www.bookland.co.kr
　　　　이-메일 | bookland@hanmail.net

책임편집 | 김인옥
기　　획 | 전은경
교　　열 | 서정랑

ⓒ 김종태, 2024, Printed in Korea
저자와의 협의하에 인지를 생략합니다.

ISBN 979-11-7155-083-8 03810
ISBN 979-11-7155-084-5 05810 (e-book)

값 10,000원

하나님의
딸꾹질

김종태 시집

북랜드

게으름만 피우다가
암 선고를 받고서야 아차!

소박한 꿈 하나
물거품 되나 싶었는데

딸꾹질 대신해 준
　　　·
　　　·
　　　·
　　　·
　　　·
　　　·
그러므로

가슴 따뜻한 고마운 분들께
고개를 숙입니다

차례

1 기억 저 너머로

어느 노을의 기록 • 12
새벽 눈길 • 14
찔레꽃 다방 • 16
플라타너스 • 18
꽁지 붉은 종달새 한 마리 그려 넣기 • 20
맨발로 노래 불러 본 사람은 다 안다 • 22
하나님의 딸꾹질 • 24
기억 저 너머 • 26
벼, 익다 • 27
무인 모텔 • 28
유언 • 30
아프지 마! • 32
봉지에 담긴 사랑 • 34
둘이 하나 되어 • 36
봄, 길목을 서성이며 • 38
이마 맑은 새끼들 • 40
코로나 등불 • 42

2 납작 엎드려 귀담아들을 일

굴참나무 경전 • 44
배은망덕 • 46
가장 늦게 닫히는 귀 • 47
詩, 아득하다 • 48
어찌하오리까 • 50
타월의 누명 • 52
씀바귀의 눈썹 • 54
임시 천막 • 56
구들장이 무겁다 • 58
괜찮다는 그 말 • 60
꽃반지 • 62
달려갈게, 겨울 오기 전에 • 64
붕어빵 • 66
수상한 그녀, 꽃 피우다 • 68
나무도 사람처럼 • 70
코스모스 장례 • 72

3 더 넓고 깊은 그늘이 되고 싶어

도마와 의자 · 74
오월의 신동재 · 76
그늘 깊은 나무 · 78
만보정 하루살이 · 80
몸값 · 82
보리밭 관광 · 84
봄비로 씻다 · 86
누님꽃 · 88
느린 걸음으로 · 90
사랑의 거리 · 91
이팝꽃 오월에 · 92
가을전어와 춤추다 · 94
팔공산 일박 · 95
민들레, 바람난 줄 알았네 · 96
강물을 만나다 · 98
진달래 유혹 · 100

4 이별도 차츰 가벼워지겠다

닮은 꼴 • 102
천사의 거짓말 • 104
겨울 문 • 106
사랑은 아무나 하나 • 108
따뜻한 식순 • 109
까만 눈 내리는 날 • 110
힐링 타임 • 112
구애 • 114
어머니의 강 • 116
생강나무와 도마뱀 • 117
게발선인장 • 118
폭염 • 119
잣나무의 봄날 • 120
불통의 핑계 • 122
못 말리는 봄 처녀들 • 123
입덧 씨앗 • 124

| 에필로그 | • 126

1
기억 저 너머로

어느 노을의 기록

누가 식지 않은 다리미를 밀고 갔을까

새소리 빠져나간 범어동산* 서편
3도 화상 비탈길 붉게 누워있다

어머니 홀로 계신 아파트에서
우연히 찾게 된 아버지 일기장
빼곡히 적어 두신 십여 년의 이민 생활 가운데

경추염으로 투병하는 자식 걱정에
애태우며 기도하신 내용에는
빨간 밑줄 반듯하게도 그어두셨다

붉은 넥타이 맨
액자 속 아버지를 그리워하다가
어느새 내가 밑줄 그어야 할 차례

언제쯤이면 나도
빨간 밑줄, 저리도 반듯하게 그어
다리미의 흔적 남길 수 있을까

〉
서랍 이곳저곳
곧은 선, 남길 자를 찾다가
산책길 저녁노을 당겨 긋는 어처구니

　* 대구광역시 수성구 소재

아버지가 기도로 반듯한 밑줄을 그었다면, 아들인 화자는 저녁노을을 자 삼아 밑줄을 긋는다. 신앙인과 시인의 차이다. 그러나 둘 다 붉고 뜨겁고, 반듯한 흔적을 남긴다는 공통점이 있다. 부모 세대와는 다른 사회적·환경적 조건 속에 놓여 있지만, 화자 역시 시인이기 이전에 아버지로 살아가기 때문이다.

새벽 눈길

눈길 딛는 새벽 발자국
'뽀드득뽀드득' 묻어나는 하얀 소리

눈과 내 발바닥 사이
우리, 참 좋은 사이인 줄 알았지

사랑의 깊이를 발걸음으로 재어 보니
반나절도 채 지나지 못해
'뽀드득' 소리 사라져 버렸네

밑창 닳은 내 발은
미끄러지는 낭패를 당했지만
부끄러움 감출 때는
낮은 자세로 엎드려야 하는 것

발자국 무게를 받아낸
눈의 깊이가
사랑의 깊이였다는 걸 사라진 후에야 알았지

내 발 닿았던 그 자리

가장 먼저 뜨겁게 녹아서
물로 흐르고 있었네

―――――

 흔히 시에서 행해지는 진술은 아포리즘과 잘 구분되지 않는다. 아포리즘이란 깊은 체험적 진리를 간결하고 압축된 형식으로 나타내는 짧은 글, 금언·격언·경구·잠언 따위를 가리킨다. 화자의 내적 발화로 이루어진 이 시 역시 "발자국 무게를 받아낸/ 눈의 깊이가/ 사랑의 깊이였"다는 체험적 진리를 담고 있다. 그런데 시인의 체험은 한 걸음 더 나아가 "내 발 닿았던 그 자리/ 가장 먼저 뜨겁게 녹아서/ 물로 흐르고 있"다는 깨달음을 얻는다.
 로마서의 기자는 죄가 더한 곳에 은혜가 더욱 넘친다고 했거니와, 어쩌면 인간은 자기의 죄("무거운 발자국")를 깨닫는 만큼 '너'의 사랑을 고마워하는지도 모를 일이다.

찔레꽃 다방

봄이 놀러 나오라며
내 몸 들쑤신다

집 안에만 틀어박혀 있지 말고
얼른 뛰쳐나오란다

언제 어디로 오라는 말, 없는 걸 보니
그 옛날 그녀랑 함께
온종일 노닥거렸던 찔레꽃 다방
맨 구석 자리로 오라는 말이지 싶다

첫사랑 그 여자
잊어야 한다고
마음 바꾼 지 오래인데

봄은 왜 자꾸 찾아와
성가시게
날 불러내는지

찔레꽃 향에 찔린
아찔한 봄바람, 환장하고 있다

왜 그리움의 대상은 굳이 첫사랑인가, 아니 첫사랑이어야만 하는가?

위의 우매한 질문은 다음과 같은 진실을 간과하고 있다. 우선 '첫사랑'이란 모든 사랑의 대명사로서, 두 번째나 세 번째라는 순서를 불문하고 다만 '사랑'을 상징하는 이름에 불과하다. 다음으로 첫사랑이란, '첫'이라는 접두사로 인해 그 어떤 사랑보다 순수하다는 관념을 덧입은 단어다. 물론 이는 순수하다는 것과 서툴며 어리석다는 의미가 같거나 유사하다는 가정하에서 성립한다. 마지막으로 첫사랑이란 물리적 시간으로 따졌을 때 현재와 가장 먼 거리에 존재하는 사랑이다.

주지하다시피 시에서 물리적 거리는 정서적 거리를 의미하며, 이는 그리움을 배가시키는 요인이다.

대체 "찔레꽃 다방"으로 달려가 "첫사랑 그 여자"와 만나고 싶은 마음을 이따위 궤변으로 훼방 놓는 이유가 뭐냐고 따지지 말기 바란다. 화자도 고백하고 있지 않은가? "아찔한 봄바람, 환장하고 있다"라고 말이다.

첫사랑이란 어딘가에 놓고 온 우산처럼 허무하게 잃어버린 과거라고, 그 무심한 세월을 찔레꽃 다방에서 다시 만날 일은 없으니, 그러니 그만 포기하라는 말을 어떻게 할 수 있는가 말이다.

플라타너스

명덕로*라 불리기 전부터
가로수로 자리 잡은 플라타너스

매연에 짓눌린 어깨 무거웠지만
한눈팔지 않고
그늘 깊은 명품 길을 꿈꿔오던 어느 날

조경사 톱날에
느닷없이 잘려 나간 굵은 팔뚝
거리마다 초록 피멍이 비명을 지르고
가지치기에 해고된 사람들, 그득했다

'아빠 힘내세요. 우리가 있잖아요'를 노래하던
두 딸의 또랑또랑한 목소리가
소주잔을 출렁일 때

팔뚝 잘린 플라타너스는
어린 딸들의 떨림음 뒤를 받쳐주고 있었지

진즉 땅속으로 숨기지 못한 전선電線과
수출 전선戰線의 한파 가득한 빨간 등까지

명덕로 가지치기를 여전히 기억하느라

플라타너스 피부엔
지금도 흰 버짐 꽃, 아프게 번지고 있다

* 대구광역시 도로명

꽁지 붉은 종달새 한 마리 그려 넣기

허방 짚고 부러진다는 건
사랑받고 싶은 마음
그 상처의 치유법은 내 사랑이 보태져야 했다

자전거 배우다 부러진 당신의 팔
씻겨주고 먹여주고 입혀주었더니
한동안 호강 받으며 살았다 했지

그새
내 사랑이 모자랐을까
아파트 승강기에서 급히 내리다
또 부러졌다

석고 속, 굳게 갇혀버린 팔꿈치의 상처
이 좋은 봄날,
풀잎 합창 거들지 못해 더더욱 아플 것이다

겨울바람에 꺾인 버드나무의 상처
여전히 새싹 밀어 올리는데
2% 모자라는 내 사랑
당신의 아픈 팔 흰 석고 위에

꽁지 붉은 종달새 한 마리 그려 놓는다

산 넘어가는 석양
느린 걸음 함께 손잡아 달라고
뜬구름에 팔을 내민다

 '2% 부족하다'란 표현은 롯데칠성음료에서 1999년 과즙 음료를 출시하며 내건 홍보 문구다. 몸의 수분이 부족하면 갈증을 느끼듯, 화자는 자신의 사랑이 부족해서 아내의 팔이 자꾸 부러진다고 믿는다. 아니, 그렇게 믿는 척하며 부족한 2%의 사랑을 채워주려 아내의 깁스한 석고 위에 꽁지 붉은 종달새 한 마리를 그려 넣는다. 화가의 마음이 원관념이라면, 종달새 꽁지의 붉은 색깔은 보조관념이다. 아내를 향한 화자의 사랑이 깜찍하고도 붉다.

맨발로 노래 불러 본 사람은 다 안다

　점잖은 그 형님은 노래방에만 가면 신발 벗고 양말까지 벗는다. 발바닥에 노래가 스며들면 모든 단조의 노래는 유쾌하게 편곡되어 무슨 노래든 다 부를 수 있는 맨발의 청춘이 된다

　절망을 절망케 했던 빚보증의 후회가 목구멍 속 노랫말에 자박자박 묻어나와 밑바닥에 닿았으니 반등의 꿈은 얼마나 절실했을까 종아리까지 바지 걷어 올리고 두루마리 화장지 술술 풀어가며 엉덩이까지 흔드는 맨발의 댄서가 되고 나서야 격식의 무게에서 빠져나온 형님의 묵힌 슬픔은 가장 낮은 몸, 발바닥으로 풀어낼 수 있었다

　밑바닥에 닿게 되면 빚의 무게가 얼마나 가벼워지는지 '맨발로 노래 불러 본 사람은 다 안다.' 하신다

　무슨 노래든 어떤 춤사위든 눈빛으로 수긍하는 맨발의 형님, 그 시간만큼은 갇힌 틀 속에서 해방된 자유로운 영혼이다. 신기한 것은 이튿날까지 내 발바닥에도 어깨 가벼워진 노랫말이 묻어 나와 4분의 3박자 스텝을 밟고 있다

화자가 '형님'이라고 부르는 그는 평소 점잖은 사람이다. 국어사전은 '점잖다'를 "언어가 묵중하고 야하지 아니하다. 품격이 속되지 아니하고 고상하다."로 풀이한다. 다음으로 이 '형님'은 빚보증을 잘못 선 바람에 인생의 바닥까지 내려간 적이 있다. "절망을 절망케 했던 빚보증의 후회"라는 표현은, 당시 그의 상황이나 심정이 얼마나 절망적이었는지를 역설적으로 드러낸다.
  그러나 그는 노래방에서 노래할 때만큼은 '맨발의 이사도라 던컨'처럼 가볍고 자유롭다. 관습도 체면도 아랑곳하지 않는 그의 맨발은 "묵힌 슬픔"에서 우러나는 어두운 슬픔이자 그러한 무거움으로부터의 해방이다. 빛이 환할수록 그림자가 진한 법. 해서 화자가 추는 "4분의 3박자 스텝"마저 불가피하게 '형님'의 비애가 묻어난다.

하나님의 딸꾹질

폐암 3기 진단을 받았다

가슴에 그림 선 긋고
문신 점 꾹꾹 찍어 놓고
방사선 치료하러 가던 날

어인 일인지
딸꾹질, 멈추질 않았다
시간은 다가오고 증세 여전하니
난감해하는 방사선사

일단 시도라도 해보자며
치료기 정위치에 자세 잡고 누웠는데
십여 분 지나도록
딸꾹질, 단 한 번도 없었다

하도 신기해
주섬주섬 옷 챙겨입고
대기실 얼른 돌아 나오니

울먹이며 기도하는
아내의 어깨 위에

〉
하나님, 딸꾹질하고 계셨다

―――――

현재 우리나라에 전해지는 유일한 백제 노래는 〈정읍사〉다. 이 노래와 관련된 배경 설화는 다음과 같다. 전라북도 정읍에 한 부부가 살았다. 남편은 행상을 나가서 오래도록 집에 돌아오지 않았다. 그러자 아내는 높은 산에 올라가 달을 바라보며 남편이 무사하기를 기원했다. 전해지는 내용에 따르면 아내는 멀리 떠난 남편을 기다리다 망부석이 되었다.

〈정읍사〉의 아내와 이 시의 아내는 둘 다 남편을 지극히 걱정하고 사랑한다는 공통점을 갖는다. 애처로운 둘의 모습은 성스럽기까지 하다. 그런즉 이 시에서 우리가 확인할 수 있는 건 기도가 기적을 불러왔다는 '사실'이 아니라 사랑의 힘이 가지는 '진실'이다. 그들 곁에 계시던 하나님은 마치 그녀의 간절함에 놀라 화자를 대신해 딸꾹질을 시작한듯하다. 시를 읽으며 '아내의 기도'와 '무조건적인 사랑'은 어딘가 통한다는 느낌을 받는다. 울먹이며 기도하는 이 막무가내의 사랑을 하나님도 모른 척할 수만은 없었으리라.

생각해보면 그 시간, 멀리서 화자를 걱정하며 기도하던 이들은 또 얼마나 많았을까. 인공지능이 사람을 대신하는 시대에 우리는 살아간다. 그러나 인공지능이 대신할 수 없는 유일한 게 바로 사랑임을 이 시는 확인시킨다. 사랑이야말로 신이 우리에게 허락하신 진정한 기적이다.

기억 저 너머

분리수거장에 버려진 꼬마책장을 가져와
아이 얼굴 씻기듯 쌓인 먼지를 닦았어

닦는 걸레질에 묻어나온 소리는
그 옛날, 할머니가 들려주시던 콩쥐의 힘든 숨소리

너저분한 책상 말끔히 정리해
꼬마책장에 앉히고 나니

동화책 함께 읽고 뛰놀던
이름도 가물가물한 한 소녀, 문득 떠올랐어

기억 저 너머로
묻힌 얼굴이 책장에 꽂혀
기울어져 가는 내 마음속에 가지런히 꽂혔어

벼, 익다

목이 아파
고개 숙인 게 아니다

고민하는 것이다

말랑하던 껍질 안쪽
오늘의 부끄러움도 내일은 무엇이 될까

궁금함이 자꾸 차올라서 그런 것이다

공중화장실에서 오줌 눌 때
내가 그랬던 것처럼

무인 모텔

일요일 아침, 베란다 문을 여니
푸드덕 놀라 도망치는 비둘기 한 쌍
충혈된 눈이다

밤새 무슨 짓을 했는지
그들의 율법은 그들만의 비밀
불륜인지 로맨스인지 알 수 없도록
'묵인'이란 글자의 'ㄱ'을
온몸으로 지워놓았다

화분 놓인 좁은 공간 속
숙박비로 남긴 깃털 하나 들고서
졸지에 모텔 주인이 된 나는
발동하는 호기심에도 율법이 있음을 안다

시시각각 맘으로 흔들렸으니
누구도 지켜보지 않는 곳으로
숨어들어 온 게 아닐까

알아도 모른 척
가벼워질 대로 가벼워진 깃털 지폐 챙겨 들고

여전히 햇살로 살펴주시는 하나님에게
나 지금 헌금하러 간다

　이 시는 보고도 못 본 척 눈감는다는 의미의 '묵인'을 '무인호텔'의 무인으로 치환하는 언어유희, "화분 놓인 좁은" 베란다에서 애정 행각을 벌이다 떨어뜨린 비둘기의 깃털을 "숙박비"라 해석하는 유머가 일품이다. 졸지에 모텔 주인이 된 화자에게 필요한 율법은 첫째가 "시시각각 맘으로 흔들"렸음을 이해해주는 너그러움, 둘째가 비둘기들을 향해 로맨스인지 불륜인지 묻지 않는 과묵, 나머지 셋째도 "알아도 모른 척"해 주는 과묵이다. 아무리 입이 무거운 화자라도 하나님한테까지 비밀을 지켰을지는 의문이다. 아무튼 모텔 주인의 마음만큼이나 햇살 푸근한 주일이다.

유언

단골로부터 사 놓은 육쪽마늘 묶음을
몇 달째 베란다에 걸어두신 노모

올해 김장도 당신 손으로 직접 해줘야 한다며
그 마늘, 혹시 상하지나 않았을까
굽은 허리로 틈날 때마다 살피신다

무좀으로 두꺼워진 발톱이 살을 파고들어
발톱 깎기에만 집중하고 있는 아들에게

느닷없이
'올여름, 내 죽거들랑
저 마늘 가져가 김장할 때 쓰라' 하신다

빛과 어둠이 겹겹이 다녀간
백 년 세월의 무게가 얼마나 무거우면
등은 저토록 굽어야 하고
마음은 또 어린애처럼 약해졌을까

껍질 속 마늘처럼 알싸해진 나는

매운 눈물로 울어야 하는
대책 없는 아이가 되어 엄마 집을 나선다

   세월의 무게를 못 이겨 등이 굽어진, 딱 그만큼의 휘어짐으로 노모의 마음은 무르고 약해져 있다. 추위를 앞둔 김장철은 아직 멀었는데 늙은 모친은 여름에 세상을 하직할 예감으로 마음이 무겁다. 마늘을 만지던 손길이 매워서가 아니라도 노모는 아들의 흐르는 눈물을 닦아줄 수 없다. 울며 집을 나서는 아들은 여전히 대책 없는 아이이건만…….

아프지 마!

오른쪽 등에 볼록 튀어나온 사마귀
동물병원에서 털을 깎고 수술한 룽지*
꿰맨 실밥의 상처로 한참을 끙끙거렸지

숨결에 녹아있는 아픔 달래느라
내가 할 수 있었던 위로는
좋아하는 간식 먹여주고 품에 안아준 것,
아프지 마!

얼마 전
허리통증으로 침 맞고 있을 때
허겁지겁 빗속을 맨발로 달려온 카톡카톡,
아프지 마!

전문의도 아닌 그 친구
아무런 처방도 내릴 수 없었으니
애태운 마음, 숨결에 담아
내 가슴에 퐁당 던진 것,
아프지 마!

감성 메말라 쩍쩍 갈라진 내 가슴에

봇물 터지듯 고마움 넘쳐흘렀으니

운모 빛 거울 같은 룽지의 눈망울에도
내 사랑의 깊이는 전해졌을까

  * 반려견 이름

봉지에 담긴 사랑

노모의 예리한 눈매에
아픈 내 허리, 들켜버렸다

내가 좋아하는 반찬 몇 가지
무거운 유리그릇에 담아 두었다가
가벼운 비닐봉지에 따로따로 옮겨 담는
노모의 떨리는 손

주공 아파트
9층 베란다 올려다보며
가벼운 줄 알았던 비닐봉지, 너무 무거워
한동안 묶인 발걸음

찬거리 마련한다며
칠성시장* 단골로 다니시던 어머니

지금은
북두칠성 어디쯤에서
장을 보고 계실까

　　* 대구광역시 칠성동 소재

 아들 몸이 불편한 걸 눈치챈 어머니는 유리그릇에 담았던 밑반찬을 비닐봉지에 옮겨 담는다. 그릇의 무게조차 덜어주고 싶은 마음에서다. 노모의 '떨리는 손'이 아들의 건강을 염려하는 마음의 떨림으로 다가온다. 오늘도 어머니는 길고 뜨신 그 모정으로, 지상의 칠성시장과 천상의 북두칠성을 환하게 잇고 있다.

둘이 하나 되어
- 큰 딸아이 시집가는 날에

여태껏 혼자서 걸어온 길
이제 둘이 하나 되어
발 묶고 가야 하는 길

보폭 잘 맞추며
앞선 걸음 당겨주고
처진 걸음 다독이며 걸어가거라

어느 눈부신 봄날에는
들에 나가 쑥도 뜯고 냉이도 캐면서
허기지거들랑 짜장면 한 그릇 맛있게 먹고
서로의 입을 닦아주는 다정한 연인으로 살아가거라

단풍 구경하고 돌아오는 가을날에는
황금 들녘에 잠시 차를 세워두고
고개 숙인 벼들이 무슨 얘기를 나누고 있는지
다가가 감사와 겸손을 배우기도 하여라

사랑한다는 건
서로에게 스며들어 닮아가는 일
너와 나에게 필요한 사람이 되도록

행복하게 스며들고 지혜롭게 닮아가거라

남편의 아름다운 꽃으로
아내의 든든한 나무로
꽃 피우고 열매 맺어
새들이 찾아오는 행복한 숲으로
곱게 곱게 물들어가거라

푸르게 푸르게
사랑으로 울창해지거라

봄, 길목을 서성이며

겨울 외투를 벗다가
산수유나무를 건드렸다
하필이면 거기가 꽃망울이었다

내 살닿은 산수유나무는
톡톡 튀며 껍질 벗는 뜨거운 양은 냄비

앞서거니 뒤서거니 한다 한들
노란 핏줄로 엮인 너와 나
속살 드러내도 부끄러울 것 하나 없는 같은 체향

이른 봄까지 고산골* 음지에 남아있던 눈
꽃 피는 자리, 더는 머물 곳 아니라며
골골거리다 어디론가 사라졌으니

욕망 가둔 겨울을
굳은 몸, 갈증으로 지내온 나도

뜨거운 냄비 바닥, 녹아내리는 그리움들
두 손으로 쓸어 모아

그대에게 띄울
산수유 편지 하나 써야겠다

* 대구광역시 남구 앞산 등산로

"가을엔 편지를 하겠어요. 누구라도 그대가 되어 받아주세요" 고은 시인이 즉석에서 쓴 가사에 훗날 김민기가 곡을 붙인 〈가을 편지〉는 가을이 오면 한 번쯤 입가를 맴돌다 사라지는 노래다. 노래에서의 '편지'가 "낙엽이 흩어진 날 헤매인 여자"의 상실과 서러움의 정서를 담고 있다면, 시에서의 '편지'는 "뜨거운 냄비 바닥, 녹아내리는 그리움들/두 손으로 쓸어 모"은 정념으로 다글다글 끓어오른다.

  이 시는 "톡톡 튀"는 감각과 "속살 드러내도 부끄러울 것 하나 없는" 정서, 그리고 "녹아내리는 그리움들"로 질펀하고 흥건하다. 감추지 못하는 봄의 '들뜬 표정'이다.

이마 맑은 새끼들

팔공산 부인사 오르는 산길
벼락 맞은 나무 아래 생긴 개미 왕국

하필이면
중간 쉼터라는 팻말 꽂아둔 그 자리
생수 한 모금 마시다 무심코 디딘 등산화에
수많은 개미, 밟혀 죽었다

60kg의 무게에 움푹 무너진 그들의 우주, 참혹했다

내려앉은 천장 아래
신은 죽었다는 아수라장 속에서도
이마 맑은 새끼들
줄줄이 끌고 나오던 개미들의 아픈 이주
사랑만큼은 거르지 않았던 거다

내가 붙잡고 살고 있는 지구도
무심의 무게에 폭삭 내려앉을지도 모를 일

내 사랑은 과연

개미들보다 크다 할 수 있을까

팔공산이 내 옆구리를 아프게 찔렀다

―――――

 이 시에는 백석의 시 「수라」가 어른거린다. 백석의 화자는 한밤중, 방 안에 기어 다니는 거미 새끼를 방 밖으로 쓸어낸 후 뒤따라 나온 그 어미와 다른 새끼 거미를 발견한다. 그는 자기로 인해 이산가족이 된 거미 가족에게서 일제강점기하의 해체된 민족 공동체를 연상한다. 백석 시의 '수라'가 아수라를 가리키듯, "아수라장 속"을 탈출한 이 시의 "이마 맑은 새끼"들 역시 백석 시의 거미 새끼들과 상통한다.
 명확히 표현하자면 이 시의 개미는 우화적 은유에 해당한다. 백석 시의 화자가 무심코 거미 새끼를 바깥으로 쓸어냈다가 붕괴된 민족 공동체의 아픔과 회복에 대한 열망으로 그 인식을 확장하듯, "60kg의 무게에 움푹 무너진 그들의 우주"를 보던 시인도 새끼들을 "줄줄이 끌고 나오"는 어미의 사랑으로 그 시선을 넓혀간다. '나'의 사랑은 과연 개미보다 큰가? 우리에게도 도착한 질문이다.

코로나 등불

일상이 닫힘모드로 바뀌니
갑자기 불어난 시간들

이참에
하루 만 보는 걸어야겠다며
범어동산 넘어가
갑갑해하는 친구들 만났다

하찮게 여긴 바이러스에
무너진 봄날을 안주 삼아
막걸리 몇 병 마시고는

보이는 것과 보이지 않는 것들이
함께 넘실거리는 늦은 밤
산 넘어오는데

멀쩡한 눈에도 보이지 않는
코로나바이러스
잘 피해서 오라며

아버지
산책길 열림모드로
불 밝혀 두고 가셨다

2
납작 엎드려 귀담아들을 일

굴참나무 경전

산책길에 툭 떨어진 도토리 두 알

볼품없이 자란 한 녀석은
참나무 씨앗이 되고

인물 좋은 또 한 녀석은
다람쥐 밥이 되고

세상 참!
한 치 앞을 알 수 없는 깜깜한 절벽이다

경쟁에 뒤질까 봐
용쓰며 살아온 내게
도토리 두 알이 남긴 귓속말

'보이는 것이 모두 정답은 아니야'

굴참나무 경전이 묵직하다

'무주의 맹시'라는 게 있다. 어느 한 가지에 집중하면 다른 건 인식하지 못하는 현상으로, 인간의 주의력에 한계가 있음을 나타낸다. 요컨대 우리는 보고 싶은 것만 선택해서 보고 일부가 전부라고 착각한다. 착각할 뿐 아니라 남들에게 그게 전부라고 강요하기까지 한다.
　화자의 말처럼 "보이는 것이 모두 정답은 아니"다. 생은 보기보다 훨씬 비밀스럽고 풍성해서, 우리가 가진 언어의 성긴 그물로는 무엇 하나 제대로 담아낼 수 없다. 그러니 오늘도 자연이 들려주는 경전에 겸손히 귀 기울일 일이다.

배은망덕

당신
술 좋아한다고
바다 건너 따라왔는데

새파란 꿈
황혼에 이르도록
수십 년 가둬 놓기만 해놓고

청포도 향, 참소주 여인과
한 잔만 더
한 병만 더 하며
놀아난 당신

'두고 봐라, 독한 맛 보여줄 테니'

다 말라 툭툭 터지는 입술로
심술부리는 저 위스키

가장 늦게 닫히는 귀

간밤에 글 한 줄 쓰다 마신 캔 맥주 몇 개
내 속 시원하게 채워주지 못해
사정없이 망가뜨렸다

찌그러지고 가벼워진 몸짓
재활의 길, 편히 갈 수 있을 테니
미화원의 사랑을 독차지할 수밖에

비우면서 채우고 또 비우면서
마침내
뚜껑 열고 전부를 쏟아버릴 나도

언젠가 빈 깡통 되어
호스피스 병동에 보내질 땐
납작 엎드려 귀담아들을 일

살아온 길, 별것도 아닌데
요란법석 떨 일도 아니지

가장 늦게 닫힌다는 귀
호스피스 축복의 기도 소리는
들을 수 있어야 하지 않을까

詩, 아득하다

붉게 물든다는 건
절정에 도달했다는 것
단풍이 그러하다

제 몸 바위에 던져
멍든 흰 거품도 물의 절정이었으니
겨울 오기 전
계곡의 가을 풍경, 어서 떠나보내야 한다며
물소리도 저토록 재촉하는 것

오백 년의 무겁고 지루한 시간
막걸리로 달래 오다 술 취해 누워있는
운문사 와송의 축 처진 어깨도 오르가슴이다

가을 운문 가도는
저마다의 기쁨으로 가득한데

메말라 비뚤어진 내 詩는
혹독한 겨울 얼마를 더 견뎌야
편한 잠자리 한번 누워볼 수 있을까

"詩는 모름지기 '말씀의 寺院'이다. 시 쓰기는 신을 만나는 마음으로 쓰는 것! 진솔하고 진실하며 절실하고 간절하며 절박한 그 어떤 것이어야 한다."

어느 시인의 시 쓰기에 관한 단상斷想이다. 하지만 백 명의 시인이 있다면 백 개의 시 쓰기에 관한 단상이 존재한다. 공통점이 있다면 시인이란 종족은 하나같이 언제 어디서나 시 쓰기의 괴로움에 사로잡혀 전전긍긍한다는 거다. 남들 다 단풍놀이, 물놀이하며 "기쁨으로 가득한" 운문 가도에서 혼자만 시를 궁리하느라 마음이 뒤척이는 화자처럼….

어찌하오리까

쌀쌀했던 경칩 날
텃밭에 뿌려놓은 상추 씨앗이
마침내
흙의 무게를 들어 올렸다

함께 용쓰며
소복소복 들어 올린 걸 보니
세상살이, 혼자서는 살기 힘들다는 걸
이미 태胎중에 배운 것일까

반가움에 무릎걸음 다가가
세상 구경 어떠냐 물었더니
처음 만난 인연, 꿈에 그리던 모습이라며
얼른 커서
벌이랑 나비랑 입맞춤도 하고 싶단다

머지않아 야들야들 짙어진
건강한 속살 내보이며
내 건달기를 유혹할지 몰라도
먹성 좋은 나는

널 보쌈할 작정인데

발랄한 요 녀석, 이 파란 생명의 꿈을
키워줘야 하나요, 꺾어도 될까요

씨 뿌린 죄로 돌아온
난처하고 푸른 고민이
어린 상추밭에서 함께 자라고 있다

타월의 누명

젖은 알몸 훔쳤다고
실컷 두들겨 맞았습니다

빨랫줄에 걸터앉아
내 안으로 스며든 눈물
아래로 아래로 뱉어냅니다

탐함이 티끌만치도 없었지만
나도 모르는 건조한 탐함이 숨어있었나 봅니다

바람이 살랑살랑 위로를 건네주고
햇살이 슬픔을 아낌없이 닦아주어
나는 뽀송뽀송 가벼워졌습니다

누명 뒤집어쓸 날
또다시 오겠지만
지금 너무 행복합니다

억울한 누명이
행복을 덮어쓰고 찾아오기도 합니다

시는 뭇 타자들을 향한 따스한 말 건넴이다. 이는 일차적으로 말 건넴의 주체인 시인이 대상을 상상함으로써 출발한다.
 빨랫줄에 널어놓은 수건에서 물이 뚝뚝 듣고 있다. 화자는 이를 수건의 눈물로 상상한다. "빨랫줄에 걸터앉"았다거나 "내 안으로 스며든 눈물"이라는 대목이 수건을 상심에 빠진 사람으로 능청스럽게 인격화한다. 수건은 "젖은 알몸"을 탐하는 마음이라고는 티끌만큼도 없었노라고 항변한다. 자기가 욕심낸 게 있다면 '바람'과 '햇살'이고, "뽀송뽀송 가벼워"지는 게 행복할 따름이라는 말이다.
 하지만 수건은 다시 젖은 알몸을 닦아야 할 테고, 오해와 누명, 억울과 해명 사이를 왕복하다 매번 "뽀송뽀송" 행복해지리라. 고통이든 슬픔이든, "행복을 덮어쓰고 찾아"오는 것들이라고 화자는 이야기한다. 이는 현재 눈물을 떨구고 있는 타자들에게 건네는 시인의 위로이기도 하다.

씀바귀의 눈썹

보도블록 틈새
할퀸 상처의 씀바귀는 소외된 얼굴

쪼그리고 앉아 있는 쪽방 식구들
온몸 구겨 부둥켜안고 있으니
내 가족 네 가족이 따로 없는 모듬살이

좁고 굽은 골목길 지나
굼벵이 기어 나오는 낡은 목조 대문
간혹 앓는 소리 들리기도 하지만

그것은
장마 뒤 해를 보기 위해 말라 가는 몸부림

'개천에서 용 난다' 하니
씀바귀 키 높여보지만
지나가는 발자국들, 바쁘고 냉정하다

그래도
언젠가는 꽃씨 훨훨 날려 보내
넉넉한 살림 자식들에게 물려줘야 한다며

〉
소외된 기억의 뒤꿈치 바짝 당겨 올려
둥근 달 올려다보는
씀바귀 작은 눈썹이 참 곱다

　화자의 시선을 카메라 렌즈로 친다면 이 시는 현재 초근접 촬영 중이다. 가령 내셔널지오그래픽 같은 다큐멘터리 영상을 보면 동식물이 마치 눈앞에 있는 것처럼 세미한 모습까지 근접해서 촬영한다. 마찬가지로 시 역시 씀바귀의 "표정"과 "둥근 달 올려다보는" 그 씀바귀의 "작은 눈썹"까지 바짝 클로즈업Close-up한다. "보도블록 틈새"에 핀 씀바귀를 통해 시의 렌즈가 담아내고자 하는 건 결국 "쪽방 식구"들로 대변되는 가난한 이들의 "모듬살이", 그리고 "넉넉한 살림 자식들에게 물려"주고 싶은 그네들의 당연한 욕심이다.

　"장마 뒤 해를 보기 위해 말라가는 몸부림"은 소외된 이들의 신산한 일상을, "소외된 기억의 뒤꿈치 바짝 당겨 올"린다는 표현은 고통스러운 삶 가운데서도 안간힘을 쓰는 노력을 형상화한다. 시의 결미에서 화자는 "둥근 달 올려다보는/ 씀바귀 작은 눈썹이 참 곱다"라며 감탄한다. '둥근 달'은 가난하고 소외된 이들의 꿈과 희망을 상징한다. 이 시는 씀바귀라는 자연물에 빗대 인간을 노래한다. 어두운 처지 가운데서도 밝은 달을 바라보는 이들, 저 '씀바귀들'의 눈썹에 눈물 맺히는 일 부디 적었으면 하는 게 시인의 바람이리라.

임시 천막

본처와 사이좋은 세컨드처럼
본 건물에 어깨 기대
갑과 을 혹은
정규직과 비정규직 관계라 한들 어떠하리

한동안 임시라는 걸 잊어버리고
애증의 긴긴 시간
서로 윈윈하며 지내왔는데

겨울눈보다 더 무거운
삼월의 춘설에 그만 폭삭 내려앉은 임시 천막

물어뜯긴 상처의 부리 여기저기서
번지는 미투 열풍 타고
아프다, 아프다는 소리 들려올까
조마조마했지만

넘어지는 생명 애써 살리려다
무너져 내린 어깨는
다행히 펠리컨*을 닮았다

제자리 없는 세컨드를 품어주려
남편의 어깨까지 빌려 주었으니
마음 상했을 본처에게

위로의 말, 건네야 한다며

무너진 천막 아래
오히려
갑甲질 달래는 봄꽃, 활짝 피었다

*사다샛과에 속하는 큰 물새로 사랑과 희생의 상징으로 불림.

　본 건물 담벼락 옆에 천막으로 임시 건물을 지었다. 한파도 이겨냈던 천막이 웬걸, "삼월의 폭설에 그만 폭삭 내려앉"고 말았다. 시인은 두 건물을 우리가 흔히 갑과 을이라고 구분하는 대상들에 비유한다. 본처와 세컨드, 정규직과 비정규직이 그것이다.
　이는 사실 "물어뜯긴 상처"나 "미투 열풍 타고" 들려오던 "아프다, 아프다는 소리"와 같은 인상 찡그릴 만한 일들을 연상하기 좋은 관계다. 그런데 둘의 "애증 관계"는 증오보다 애정에 가깝다. 한쪽이 다른 한쪽을 품어주고, 그 다른 한쪽은 힘 있는 쪽에 기대고 있어서다.
　시인은 천막에 바람벽이 되어준 본건물을 "제자리 없는 세컨드를 품"어주려 "남편의 어깨를 빌려주는 본처"에 빗댄다. 나아가 천막이 무너지면서 본건물 한쪽이 뜯겨 나간 걸 보며 펠리컨을 연상한다. 펠리컨은 새끼들에게 줄 먹이가 없을 땐 제 가슴살을 뜯어 먹이는 새다. 정규직과 본처로 상징되는 세상의 '갑'들이 펠리컨처럼 자기희생적일 리는 만무하다.
　하지만 '너'가 다치면 '나' 역시 부득이하게 가슴살을 내어 줄 수밖에 없는 게 세상 이치다. 시는 "무너진 임시천막에/ 갑甲질 달래는 봄꽃, 활짝 피었다"로 끝난다. 그러니 우리가 이기심과 증오심을 내려놓고 "서로 윈윈하며 지"낸다면 '활짝' 꽃 피는 세상이지 않겠는가.

구들장이 무겁다

아찔했다. 복개천 도로로 귀가하던 저녁이 갑자기 절룩거렸다. 다리가 불편한 사십 대 초반의 여자가 내 앞을 지나갔다. 순간 까맣게 잊었던 추억 하나가 휘청거리며 걸어왔다.

막걸리 심부름에 급했던 한 소녀, 읍내 시장을 지나던 내 차에 부딪혔다. 깡마른 발목이 소녀에게 매달려 딜렁거렸다. '아저씨 죄송해요, 잘못했어요.'라며 안쓰럽던 소녀의 눈빛이 흔들렸다.

놀란 가슴에서도 뜨거움이 생겨날 수 있다는 것을 그때 알았다. 소녀의 계모는 막노동하는 남편을 충동질했다. 소녀의 가는 발목 대신 합의금 액수는 점점 높게 타올랐다.

정情은 나누면 화를 불러오게 되는 걸까. 기죽은 소녀의 눈망울 외면한 채 매정하게 끊은 발길, 그날 이후 부끄러워진 발등은 혼자 몰래 시렸다.

어설픈 도끼질에 젖은 장작은 튀어 올랐고 절룩거리

던 불이 아궁이의 그을음으로 남을 때 매운 눈은 또 한 번 부끄러운 눈물을 흘렸다. 햇살 대신 군불로 무마시켰던 그 저녁은,

    지금도 춥고 눅눅하다.

  어설픈 도끼질에 장작이 튀어 오른다. 여기서 '도끼질'은 막걸리 심부름을 가다 자신의 차에 부딪혀 발목이 부러진 소녀에 대한 온정을 거두어들인 걸 의미한다. 소녀가 미워서는 아니다. 소녀의 발목을 빌미로 합의금을 과하게 요구하는 계모와 친부를 더 이상 용납할 수 없어서다. 공연히 정情을 나누다 화를 자초한 게 아닐까 자책하던 화자는, 그러나 자신의 매정함(?)에 스스로 상처 입는다. 아궁이에 지핀 불은 소녀의 계모와 그 아버지를 향한 분노겠으나, 소녀를 안쓰럽게 여기는 마음이 활활 타오르는 불길에 자꾸만 눈물을 뿌렸기 때문이다.
  시커먼 그을음이 앉은 아궁이처럼 소녀와의 만남은 불쾌하게 끝났다. '지금도'라는 부사는 그때의 아픔이 현재까지 회한으로 지속됨을 드러낸다. '차고 눅눅한 구들장'은 시인 마음의 무거운 메타포다.

괜찮다는 그 말

홀로 계시는
백한 살 노모를 찾아뵙고
집 나서는데

거동조차 불편한 몸으로
'나는 괜찮다. 아무 걱정하지 마라.
늦으면 차 막히니 얼른 가거라' 하신다

괜찮다는 그 말 한마디

농땡이 부리던 어린 시절
종아리 걷고
피멍 들도록 맞았던 회초리보다 더 아파
도망치다시피 뛰쳐나왔다

현관문에 걸어놓은
십자가의 어깨가 잠시 달그락거렸을 뿐

누구한테 얻어맞은 것도 아닌데
멍든 눈물 흥건했다

―――――

 때리는 손길이 예전과 달리 하나도 맵지 않아서, 노쇠해진 어머니가 안타까워 목을 놓아 울었다는 어느 효자의 일화가 생각나는 시다. '나는 괜찮다. 아무 걱정하지 마라.'라던 어른이니 매를 들지 않았음이 분명하다. 대체 화자는 누구한테 얻어맞아 저리 '멍든 눈물'이 흥건한 걸까?

꽃반지

당신의 가난한 손가락
늘 미안했는데

제주 올레길 풀밭에서
토끼풀꽃 두 줄기 묶어
손가락에 끼워주니

다이아몬드 반지보다 더 좋다며
깡충 뛰는 당신

힘든 줄만 알았던 세상살이
이토록 쉬운 걸
왜 여태 모르고 살았을까

꽃반지로 체면 세우고
힘든 살림
둥글게 풀리고 나니

발기된 화관으로 이마 두른 돌하르방
빙긋이 웃고 있다

―――――

 우리는 모든 일에 서툴고 오늘의 시간은 다시 오지 않는다. 사랑 역시 우리가 능숙하게 숙달될 때까지 기다려주지 않는다. 하지만 소박하고 순수한 사람들만 주고받을 수 있는 토끼풀 반지는 만사를 단번에 해결한다. "힘든 줄만 알았던 세상살이"가 이토록 쉬워진다.

달려갈게, 겨울 오기 전에

가을 단풍나무는 성수기 맞은 홍등가

저마다의 내력을 지닌 붉은 입술
빽빽이 서 있는 이곳이
네 운명의 좌표란 걸 알기나 했을까

오래전부터 품어온 붉은 마음
구석진 거울 앞, 서툰 화장법 익히고
은은한 달밤엔 제법 익숙한 사랑에 빠져
붉게 휘청거리기도 했을 터

비바람에 난도질당한 살점은
유통기한 지난 빈 껍질 속 영혼뿐
차마 용도폐기하기 아까워
욕심 많은 포주가 된 나는 널 붙들어 두고 싶지만
뚜벅뚜벅 멈추지 않는 걸음

네가 지은 붉은 죗값
겨우내 다 갚을 수 없겠지만
솔직한 모습 그대로

찬 겨울 묵묵히 견뎌내거라

나, 같이 흔들렸으니
널 위해
겨울 외투 하나 꼭 마련해 얼른 달려갈게

붕어빵

겨울밤
늦게 들어온 딸애가
붕어빵을 사 왔다

따끈따끈한 체온
내장까지 통째로 먹고 있는데

놀라서 잠 깬
어항 속 붕어
경계의 눈빛, 팽팽하다

수성못* 어미 붕어들도 떨고 있을까

겁에 질려
눈 뜬 채 자고 있는
고단한 네 모습 안쓰러워

먹고 있던 붕어빵
슬그머니 내려놓았지

* 대구광역시 수성구 소재

붕어빵에는 붕어가 없다는 조크가 객관적 시선에 의한 판단이라면, 시에서의 붕어빵은 시인의 주관적 정서가 투영된 사물이다. 붕어빵과 어항 속의 붕어와 수성못의 어미 붕어들은 화자에게 내장째 먹힐 수 있는 공통점을 가진 인접한 대상들로, 이 같은 환유적 이동은 화자가 붕어빵을 내려놓는 행위로 귀결된다.
 "까치가 깍깍 울어야/아침 햇살이 몰려들"(정완영)듯이, 물이 물고기를 살리는 게 아니라 물고기가 있어야 물이 살고 인간도 산다고 믿는 게 시인이란 존재다. 그러니 시인이란 얼마나 어리석고도 큰 존재인가.

수상한 그녀, 꽃 피우다

이름부터가 좀 수상하다 싶더니
저게 아무래도
숨겨놓은 비밀이 있긴 있는가 봐

그렇지 않고서야
담장 따라 핀 장미도 안면 없는 날 보고
방긋 얼굴 내미는데
애써 길러준 내게 눈길 한 번 주지 않는 걸 보면
애초부터 점찍어 둔 곳 있었던 거겠지

피고 접는 건
그녀의 독특한 사랑법이라서

밤새 어둠으로 접어두었던 그리움
새벽 공기 한 모금으로 곱게 단장하고
모가지 비틀어 햇살 쫓아 꽃 피우는 저 순정

'당신 절대 버리지 않겠다'라는 꽃말의 언약이
하도 경이로워
베란다 슬그머니 빠져나오는데

미안한 마음은 있었던지
꽃대 숙이며 '길러준 은혜 고맙다' 한다

사랑초,
그 연약한 꽃대 속에
얼마나 단단한 순정의 뼈대를 숨겨두고 있는 걸까

나무도 사람처럼

나무도 사람처럼 늙어가는구나

올여름
그렇게도 팔팔하던 범어동산

청춘은 다 어디로 갔는지
독거노인 몇 잎만
앙상한 가지 붙잡고 떨고 있더라

봐라,
이 핑계 저 핑계 다 들이대며
간혹 도토리 몇 알 주워가는 사람뿐
찾아오는 이들도, 전화 걸어오는 사람도
예전과 다르지 않더냐

멀어져 간 사람들 원망치 말자
가는 세월도 탓하지 말자
새로운 것은
세월이 가야 다시 돌아오는 것

〉
내 젊음도
먼저 걸어간
누군가의 흘러간 세월에서 시작되었음을

오 헨리의 '마지막 잎새'가 떠오르는 이 시에서 "몇 잎"의 원관념은 "독거노인"이다. 그렇다면 떨어지기 직전의 잎이 악착스레 붙잡고 놓지 못하는 "앙상한 가지"의 원관념은 무엇일까? 아마도 전화도 자주 걸어오지 않는 자식이거나, '왕년에 한때 잘나가던' 자신의 과거이기 십상이다.

우리의 마음이 자꾸만 추억에 머무르는 이유란, 자신의 현재가 불만족스럽고 장밋빛 미래를 그릴 수 없어서인 이유가 크다. 그렇더라도 가지는 매달려 떠는 나뭇잎을 떨어뜨림으로써 혹독한 겨울을 나기 위한 준비를 마친다. 자연의 순리는 때로 엄혹하다. 노년은 이 엄혹한 순리를 받아들이며 성숙을 완성하는 시간이리라.

코스모스 장례

노을 입술에 젖꼭지 꺼내주던 코스모스
난데없는 비를 만나 뚝뚝 붉은 피다

배기통 뒤에서 굽어진 허리
물때 벗기던 가난한 식솔들
늘어진 모가지를 보여주더니
신천 강물에 코스모스 떼 지어 뛰어들고 있다

탱탱한 가슴, 뽀얀 살결로 보아
더러는 시달릴 사랑이 남았을 법도 한데

더는 머물지 말고 함께 떠나자는
꽃잎의 충동질에
분홍치마 뒤집어쓴 채 다리의 난간, 허공을 밟고 있다

매달린 씨앗은 마저 여물어야 하지 않겠냐고
생명의 끈 운운하며 변명을 늘어놓는 내 앞에서

울음으로도 어쩔 수 없는 코스모스 자매들은
하늘 빗장을 열고 뿔뿔이 흩어지고 있었으니

지루한 비의 장례가 지나고 간 자리
조만간 나도 따르겠다고
은행잎들 움찔한다

3
더 넓고 깊은 그늘이 되고 싶어

도마와 의자

부부 모임에서
주방에 관한
내 무관심이 도마에 오른 뒤

집에 와 도마를 보니
움푹 팬 칼날의 상처는
당신의 하지정맥

앓는 소리 밤새 끙끙 들렸다

손끝 하나 까딱하지 않는 내게
'지금이 어느 세월인데'라며
누워있던 도마가 벌떡 일어나는 건

틀림없는 반란의 징후들

남은 생
칼바람 다 받아낸 고인돌인 양
견골 나른한 나비에게

쉬어갈 의자가 되어주라 한다

이 시에서 '도마'는 아내를 은유하는 사물이다. 화자는 도마에 새겨진 칼날의 흔적들을 들여다본다. 그 흔적 중 하나가 아내의 하지정맥이다. 그는 아픈 아내가 안타까워 자신은 의자가 되리라 마음먹는다. 남편의 자기반성 끝에 놓여 있는 의자. 이것은 유한계급의 거실에 놓인 어느 장인이 만든 의자와는 차원이 다르다. 이 '의자'는 화자의 선택과 의지, 그리고 아내에 대한 그의 사랑을 상징한다.

오월의 신동재*

신혼의 달력 속에
동그랗게 앉아 있던 당신의 생일

텅 빈 주머니 뒤로 숨기고
함께 찾아간 오월의 신동재

가위바위보로 아까시 한 잎, 두 잎 떼어가며
활짝 묻어나던 웃음

생일 선물이라며 향기 가득한 허공을
한 아름 안겨주었더니
이보다 더 좋은 선물 없다며
환하게 웃던 어린 아내

노을도 향에 취해
붉은 얼굴 감출 때쯤

어둠 밝히는 환한 아까시 등燈
좁은 거실에 걸어놓고
훗날, 향기 쏟아내는 샹들리에 등도
달아준다 약속했었지

〉
먼 길 돌아와
불 밝힌 식탁에 마주 앉은
오늘의 당신은
고마운 선물이지, 최고의 보석이야

　*경북 칠곡군 지천면 소재, 아카시아 축제로 유명함.

그늘 깊은 나무

월요일 출근해야 할 큰 딸아이 내외가
일요일 새벽 소식도 없이
서울에서 달려왔다

무슨 큰일이라도 생겼나 싶어
놀란 가슴, 새벽잠 깨어 물어보니
싱겁게도
그냥, 집에 오고 싶었단다. 그냥

내 작고 보잘것없는 한 뼘 그늘도
자식들에겐 편하고 깊은 그늘이 되어
무작정
오고 싶은 집이 되었을까

그늘 찾아온 딸이
내게 숨 쉴 그늘을 돌려준 것이니
문득 행복이다

폭염경보 내린 그날
나는 더 넓고 깊은 그늘이 되고 싶어
겨드랑이 활짝 벌렸다

'그늘'만큼 양가적 의미를 가진 낱말도 드물다. 긍정적 의미에서 그늘은 '의지할 만한 대상의 보호나 혜택'이라는 뜻이다. 이런 그늘도 나무가 있어야 생긴다. 사막에는 그늘이 없다. "깊고 풍성해야 그늘도 생기는 법"이다.

 무엇보다 이 시의 묘미는 부모의 그늘이 그리워 무작정 내려온 큰 딸아이 내외가 아버지인 자기에게 오히려 "숨 쉴 그늘을 돌려"주었다는 화자의 깨달음에 있다.

 주는 게 곧 얻는 것이란 인식은 역설이다. 넉넉한 품을 가진 아버지만이 맛볼 수 있는 행복한 역설.

만보정* 하루살이

1.
피라미 조림에 막걸리 맛
나만 아는 줄 알았는데
하루살이 제 놈도 안다고 윙윙거린다
'알긴 뭘 알아' 무심코 흔든 내 손바닥에
몇 놈의 이마가 부서졌다
반나절 더 살 수 있는 하루살이를
바람의 수레에 실려 보냈으니
얼마간 내 죄 크겠다

2.
천생이 착하게 태어난 놈
행여 풀잎에 앉으면 무거워할까 봐
환승구간 정류장이 비좁을까 봐
작고 가벼운 몸짓으로만
그것도 미안해서
하루만 머물다 또 다른
우주로의 잠행이다

3.
헉헉거리며 오른 욱수골 만보정
셈에 밝은 사람들은 틀에 갇힌 줄도 모르는데

하루살이는 하늘 보고 땅 보았으니
온 세상을 다 보았겠다
이승과 저승
삶의 합은 공평해야 한다며
만보정 처마를 떼 지어 들어 올리고 있었다

   * 대구광역시 수성구 대흥동 욱수골에 있는 정자 이름.

  하루살이의 영어 명칭은 '메이플라이mayfly'로, 주로 5월에 대량 발생하는 하루살이목에 속하는 곤충이다. 단 하루만 사는 것들도 있지만 며칠에서 최대 2년까지 생존하기도 한다. 그렇다고 "반나절 더 살 수 있는 하루살이를/ 바람의 수레에 실려 보냈"다며 자책하는 화자가 어리석은 사람일 리야 만무하다.

  그는 고작 하루를 살다 가는 작고 연약한 것들을 크고 강한 자기 삶의 중심으로 옮겨 세우는 일을 하고 있다. 그 섬세함 속에 돋을새김 되는 것은 결국 이승과 저승의 경계를 살아가는 모든 목숨 가진 것들의 사소함과 보잘것없음이다.

  "만보정 처마를 떼 지어 들어 올리고 있"는 하루살이의 군무가 무위無爲이고 부질없음이듯, 셈에 밝다고 자부하는 우리 역시 보이지 않는 틀 안에서 순간을 살다 가는 존재들이다. 그러므로 '하루살이'는 우리 생의 은유이자 시인의 시적 사유의 산물이다.

몸값

하루가 다르게 치솟는
연예인과 스포츠맨의 몸값이 살짝 부러워

주제 파악도 못 한 내가
가을하늘 높아진 만큼이라도
몸값 좀 올려 보고 싶었는데

지난밤
의식불명으로 병상에 누워있는 모 재벌총수가
수조 원을 줄 테니 나와 입장을 바꾸자는 제의에
깜짝 놀라 꿈을 깨니

나도 내 몸값이
그렇게 높은 줄은 여태 몰랐어

값을 올리는 거야
꿈꾸기 나름이지만

밤낮없이 뛰고 또 뛰어도
구름 한 점 잡지 못하고
남은 건 오롯이 그을린 상처뿐

〉
내일 아침 시장에
이 몸 내놓으면
누가 무엇으로 바꾸자고나 할까

보리밭 관광

전북 고창군 청보리밭
허리띠 풀고 한차례 흔들었던 오줌발
흔적 찾아보는데
밭고랑 끝 자락쯤, 물씬한 지린내다

고봉으로 담긴
보리밥 한 그릇, 기억 저편을 더듬어보니
여기가 더는 낯선 마을이 아니다

언 땅 부풀리고
부대끼며 살아온 팔 남매의 몸부림
이삭에 매달린 엄마의 눈망울 끝에서
구름을 찌르는 까칠한 눈썹

지금 초원엔 평화로 가득한 형제들
까만 김밥 한 줄로 추억을 씹었는데도
입 닦은 손등은 시커멓지가 않았다

그날
보리밭에서 찾을 수 없었던 깜부기
검붉은 매연의 꼬리를 달고

귀가하는 버스를 힘차게 밀고 있었다

　우리는 모두 경험과 기억으로 이루어진 작은 우주다. 서정시는 시인 자신의 고유한 경험을 기억하고 표현하는 언어 예술로서의 성격이 강하다. 기억이 서정시의 보고寶庫라는 말도 있거니와, 시인의 소중한 기억은 시작詩作의 원초적 동력으로 기능한다. 그렇게 탄생한 한 편의 시는 시인의 내밀한 마음을 담는 그릇이 된다.
　전북 고창군의 청보리밭에 간 시인이 "기억 저편을 더듬어"보고 있다. 지나온 시간 중에서 인상적인 장면들이 기억 저 밑바닥에서 소용돌이친다. "밭고랑 끝 자락쯤"에서 누던 어린 시절의 오줌발이 "물씬한 지린내"를 풍기며 달려든다. "부대끼며 살아온 팔 남매의 몸부림"이 떠오르고, "엄마의 눈망울"과 그 눈망울 끝에 매달린 "눈썹"이 선연하다. "까칠한 눈썹"은 보리까락에 달린 잔가시의 까끌거림이 연상시킨 장면이겠으나, 힘겨웠던 어머니의 삶에 대한 화자의 연민이리라.

봄비로 씻다

복사꽃 잎 떨어져 쌓인 자리
개구리 기지개 켜는 소리에
봄 앓이 한창이다

나무가 꽃 피울 적
수북이 싸질러 놓은 알들
먼저 생겨난 궁금증 많은 눈알이
내리는 봄비더러
젖은 꽃잎 데리고 떠나라 한다

꽃을 내려놓은 나무야, 너는 그래도
떠나는 임을 볼 수 없어 참으로 다행이다

눈을 가진 나는
봄날의 이별을 어찌 감당해야 할지

비릿한 알을 가둔 도시의 변방
몸단장 끝낸
한 여자 떠나고 나면

젖은 가슴, 어떤 곡조로 울어야

이별의 슬픔 다 씻어낼 수 있을지

  성급한 개구리는 입춘도 오기 전에 튀어나온다. 그래도 봄은 개구리들의 떼창이 있어야 제철다운 맛이 난다. 개구리 수컷은 번식기에 아래턱의 주머니를 부풀려 올려 소리를 낸 후 암컷을 유혹해 거사를 치르지만, 에너지가 지나치게 왕성한 개구리 수컷은 눈에 보이는 모든 것을, 심지어 사람의 다리까지도 닥치는 대로 끌어안고 본다. 마침내 신방을 치른 암컷은 포도알처럼 생긴 둥근 젤 안에 하나씩 박힌 알 덩어리를 엄청나게 많이 낳는다.
  나무가 꽃 피우는 과정도 저러하리라. 나무가 "수북이 싸질러 놓은 알들" 그 비릿한 꽃잎들이 봄비에 씻기는 날이다. 비바람에 복사꽃 난분분 흩날릴 적, 비릿한 후각에 울음 우는 시인이 있다. 그러거나 말거나 유정한 봄날은 간다. 기어이 가고야 만다.

누님꽃

보도블록 위
모로 누워 뒤척이던 목련 꽃잎
취기 오른 내 발에 밟혔다

선명한 구두 발자국에 깜짝 놀라
정녕 널 보지 못했노라 용서를 빌었지만
울먹거리며 현관까지 따라온 네 상처
그날의 봄밤은 환히 깨어있었다

훈도시의 구둣발에 문드러진 흰 저고리
눈물은 진물로 굳어 더는 희지 않았고
어린 봄조차 누리지 못한

목련꽃 소녀상

나는 늙어갈 수 있어 다행이지만
너는 더 이상 늙어갈 수도 없는 슬픈 내막을 지녔으니
어제를 지나 오늘까지 먼 길 달려오며
초인종을 누르고 있다

화르르 핀 봄이 뚝뚝 지는데
메아리조차 들리지 않는
오랜 목련 나무 아래에서 나는

〉
하얀 봄밤, 무릎을 꿇고
어린 누님이
꽃으로 피어나길 기도하는 중이다

 이 시에는 두 개의 폭력적 정황이 서로 의미적으로 중첩되는 구조를 이루고 있다. 첫째는 보도블록 위의 목련 꽃잎을 취기 오른 화자의 구둣발이 짓밟은 일이다. 다음은 일제강점기, "흰 저고리"로 상징되는 조선의 소녀들이 일본군인들, 즉 "훈도시의 구둣발"에 짓밟힌 참상이다. 물론 이 두 정황은 폭력이 어떠한 폭력인가를 따질 때 나란히 놓을 수 없는 사건들이다. 그러나 시는 목련 꽃잎을 정신대 소녀들로, 화자의 구둣발을 무자비한 일본군의 구둣발에 대응시킨다. 이는 시인이 '짓밟음'이라는 이미지를 통해 당시 일본의 반인륜적 행태를 비판하기 위함이다.
 나아가 시인은 꽃잎의 울먹임이 현관 앞까지 따라왔다거나, 정신대 소녀들의 슬픈 내막이 먼 길을 달려와 오늘도 자기 집 초인종을 누르고 있다고 고백한다. 이는 과거와 단절할 수 없는, 단절해서도 안 되는 현대사를 직시하는 동시에, 시로써 나라 사랑의 길을 밝히려는 시인의 뜨거운 심중을 헤아릴 수 있는 대목이다. 하얀 봄밤, 시인은 "어린 누님이/ 꽃으로 피어나길 기도"한다. 화자가 부르는 이 '어린 누님'이란 표현은 한국 현대사의 고통과 수치를 담은, 참으로 가슴 아픈 역설이 아니겠는가.

느린 걸음으로

흔들리고 싶었던 봄날이니
녹아서 흘러가 볼까

버들강아지 손 한번 잡아주지 못한 미안함으로
잠시 머물러 무심하게 피어나 볼까

어깨에 앉은 종달새 한 마리
한참, 붉게 울고 갈 수 있도록

숨소리 하나 내지 않고
느리고 느린 걸음으로

　시에서 드러나는 풍경은 자연 그대로가 아니다. 그것은 시인 내면의 풍경이다. 풍경은 시적 주체의 내면을 반영하거나 주체를 사유하게 만든 그 '무엇'이다.
　얼었던 강물이 "녹아서 흘러"가고 있다. "버들강아지" 피어 흔들리고, "종달새 한 마리" 울고 간다. 그런데 이러한 봄날의 풍경은 "미안함"과 "무심함"과 "한참, 붉게" 우는 울음과 "숨소리 하나 내지 않"는 고요함으로 채색된 '반성적' 풍경이다.
　시인은 봄날이라는 거울에 자신을 끊임없이 비추어 보고 있다. 과거 그 어떤 봄날과도 같지 않은 하루가 "느리고 느린 걸음으로" 지나가는 중이다.

사랑의 거리

포도 바구니를 든
아파트 정원 맨발의 조각상, 그녀

두 손에 든 포도송이가 여름 지나 탱탱해지더니
사랑은 기다림이라며
내 입안에 끊임없이 넣어주는 포도알

베란다 창문 열 때마다
어김없이 나만 바라보고 서 있는 그녀
어쩌다 길을 잃고 여기까지 왔을까
궁금하기도 했지만
내 목젖은 언제나
그녀가 건네는 포도알로 촉촉했다

지난밤엔
찬바람 불기 전 떠나야겠다며
별자리에 길을 물어보았다는 그녀

바구니 포도가 다 비워질 어느 날
그녀 홀연히 사라지기라도 한다면
나 그때야 비로소

아껴야 하는 사랑엔
거리가 필요하다는 것을 알게 되겠지

이팝꽃 오월에

배고팠던 어린 시절
할아버지 밥상에 차려진
흰쌀밥인가 싶었는데

빠져나간 흰 머리카락
둥글게 휘말린
하얀 세월로 몽글몽글 피었더라

수저 끝 오월이 수없이 건너갔으니
저승의 아버지
허기진 세월을 꽃으로 피운 것

오늘은
흰쌀밥 고봉으로 담아와
저녁노을로 비벼 먹는 당신과 나
어찌 그냥 스칠 인연일까

도도한 어제는 내려놓고
이팝꽃 그늘 아래 주안상 마주하며
잠시 출렁거려도 좋을 봄 아니겠나

이팝나무는 물푸레나뭇과의 꽃나무이다. 입하에 꽃이 핀다고 하여 이팝나무라거나, 혹은 하얀 꽃이 순쌀밥(이밥)을 닮았다고 하여 이팝나무라고 부른다. 이 때문인지 꽃이 많이 피면 풍년이 든다고 생각했다니, 풍성하게 꽃 핀 이팝나무 그늘에서라면 그야말로 마음이 한껏 출렁거려도 좋으리라.

화자는 하얀 이팝나무꽃을 보며 배고팠던 어린 시절, 할아버지 밥상에만 올라가던 하얀 쌀밥을 떠올린다. 이밥처럼 보이던 꽃은 둥글게 휘말린 하얀 세월로 옮아가고, 추상적인 시간이 다시 곱슬한 흰머리로 구체화하고 있다. 그러다 결국 꽃이 환기하는 건 '아버지의 허기진 세월'이다.

누구라도 철부지 적엔 아버지의 '허기'를 까맣게 모르고 큰다. 먼먼 과거로 돌아가, 아버지라는 나무 그늘에 들어 낮잠이라도 들었으면 싶은 나른한 봄날이겠다.

가을전어와 춤추다

 짝지어 저녁 한번 먹자는 가을비의 문자에 한결같이 제목이 뭐냐며 갈참나무 잎들 쪼아대고 사랑에 목마르다던 후박나무도 절뚝절뚝 걸어 나왔다

 약속 장소로 가는 길, 이마에 찰싹 달라붙는 플라타너스 한 잎, 아직은 싱싱한 젊음을 자랑하듯 잎맥의 안쪽 너른 가슴은 흥건한 소리로 둥둥거렸다

 가을비가 가지의 소매를 끌어당기고 얌전하던 단풍의 엉덩이마저 뜨거워졌으니 어찌 그 자리, 거부할 수 있었을까. 식사를 마치고 고량주에 절어 식당 앞마당을 나서니 한 잔 더 하자며 하늘바다에서 뚝뚝 떨어지는 전어들, 가을은 지느러미 채로 퍼드덕거렸고 내 이마는 단풍잎에 풍덩 빠졌다

 물속 블루스를 밤새 추고 난 단풍잎 그녀, 지구를 몇 바퀴나 돌고 돈 내 이마에 이튿날까지 끙끙 앓는 몸살을 안겨주고 떠나갔지만

 해마다 기다려지는 가을비의 문자, 얼마나 달콤했으면

팔공산 일박

　암컷 수컷 뒤엉킨 짐승의 우리, 지나가는 태풍에 초목들, 말춤으로 광란이다. 만남은 원래 인연이었던 것이라고 물 불어 돌아갈 수 없는 팔공산 계곡. 나뭇잎 찰싹찰싹 달라붙은 카페의 유리 벽, 블랙 러시안의 달콤한 살 냄새로 젖은 무덤이 바람에 드러났다

　허한 송이가 말초신경에 불을 지폈나. 소나무들의 맥박은 시근벌떡거렸고 화엄동굴에서 파르르 떠는 침엽들, 신의 환성조차 고개를 숙이고 나서야 희끄무레한 새벽은 몰려왔다

　나, 또 다른 꿈을 꿀 수 있을까 몸 포갠 바위 틈새에서 돌아눕는 꿈을 꾸어도 보는데
　수도관 터진 듯 밀려오는 밤공기, 말춤을 끝내고 물에 빠진 계곡의 안개는 불륜의 죄업도 씻겨준다

　밤새 시달려 지쳐버린 초록 잎들, 꿈 깬 옆자리에 소복하게 누워있었다

민들레, 바람난 줄 알았네

웬 개구리 알인가 싶었는데
생뚱맞게도
민들레 홀씨들, 안절부절 떨고있다

하얀 이불 동그랗게 덮어쓰고
헤어지지 말자며 등 맞대던 자매들
봄바람의 질투에
속옷 하나 걸치지도 못하고
바람 따라 흩날리는 홀씨

누가 일편단심 민들레라 했던가

제 몸속 뼈대 하나 심어놓지 못한
가문의 내력을 알고 나서야

어릴 적 옆집 살던 그 여자
바람나서 도망친 줄 알고 욕했는데
제 갈 길 찾아 떠난 거라며 홀씨가 알려 주었네

공연히 미안하고 부끄러워
고개 숙이며 돌아서는데

〉
민들레 홀씨 하나
내 이마에 찰싹 달라붙어

보금자리 찾아 떠나는 나를
함부로 욕하지 말라며
솜털 바짝 세운다

　민들레의 꽃말은 여러 가지인데, 그중 하나는 '진정한 사랑'이다. 연인을 찾아 떠나는 거침없고 솔직한 사랑을 의미한다. '이별'이라는 슬픈 꽃말도 있다. 둘 다 바람에 홀씨가 날아가는 민들레의 특징에서 온 이름일 터이다.
　"어릴 적 옆집 살던 그 여자"의 '바람'이 "제 갈 길 찾아 떠난 거"라 여기는 마음은 피치 못할 사정 앞에 도덕적 잣대를 들이밀지 않으려는 배려심이다. 이러한 휴머니즘은 '일편단심'에 높은 가치를 부여하는 사회적 도덕관념을 초월한다. 우리에게 내면화된 관습과 도덕은 기실 우리를 옥죄는 집단의 편견이고 폭력일 때가 많다. "함부로 욕하지 말라며/ 솜털 바짝 세"울 게 하나둘이 아니듯, 우리가 믿고 고집하던 생각 중 다수가 편협한 관념에 불과함을 인정할 수 있어야 한다.
　그러나 이 시는 화자의 "이마에 찰싹 달라붙어"서 "솜털 바짝 세"우는 인격화된 홀씨로 말미암아 사유의 무게가 덜어지며 분위기가 유쾌해진다. 개구리가 뛰고 민들레 홀씨 날리는 화창한 봄날이기 때문이리라.

강물을 만나다

두만강 푸른 물도
노 젓는 뱃사공도
지난 옛 얘기일 뿐

도문 강변*에서
녹슨 가슴 쓸어내린 당신
비바람에 더는 날려 보낼 것 없는
세월의 한 꼭지만 붙잡고 있다

얼마나 불렀을까
아리랑 노랫가락 피를 토하고
칠백 리 강물은 한 맺힌 눈물이었네

해진 치맛자락은
때 묻은 세월만큼 야위어 가고
우리 땅은 돌팔매 닿을 지척이건만
탄식으로 묶인 발목

우리 함께 손수건 꺼내 들고
장단 맞춰 춤추고 노래하니
강물도 서러워 출렁이며 울고 있더라

〉
울산이 고향인 등 굽은 할머니
또 보자며 잡는 소매 끝에서
가슴골 스며드는 강물을 만난다

 * 두만강 접경에 있는 중국 도문의 강변공원

진달래 유혹

간밤에 비 내린 욱수골* 산행길
하늘은 바다가 되고
비단 물결로 반짝이는 햇살

내 곁에 멈춘 그대는
흘린 땀 닦아주는 진달래

별들에 물들인 젖꼭지
연분홍에서 검 분홍으로 변해 갈 때
사랑의 향기 진하게 피어나는 꽃

키 작은 소나무도, 팔 벌려 유혹하는 너도
잡힐 듯 말 듯, 한 뼘 간격
구애의 몸짓으로 달아오른 봄날

살아 숨 쉬는 지금이
생애 최고의 순간이라고
말없이 일러주는 소나무 아래

진달래 그녀도
고개를 붉게 끄덕이고 있다

   * 경북 경산시 옥산동 소재

4
이별도 차츰 가벼워지겠다

닮은 꼴

유혹의 시간도 얼마 남지 않았다는 듯
수액 빠져나간 마른 잎 자리에 입술 빨갛게 칠한
108번 종점, 꽃집 여인이 앉아 있다

바보처럼 홀려 다니다
마지막 어깨는 그 여인에게 내려놓고 싶어
어색한 청바지를 애써 끼워 입는 한 남자

오늘 아침 거울 앞에 서 보니
어제 그가 안았던 여인은
창밖의 늙은 벚나무

우주 속에 살고 있는 모든 것들은
먼지로 돌아가기 위한 몸짓이다

붉어져 가던 단풍도
기울어 가는 그도
서로가 서로를 닮아간다

과학자들은 우리가 별의 후손이라고 말한다. 혹은 수소의 후손이라는 이도 있다. 별들도 언젠가는 수명을 다하고 폭발한다는 것, 그리고 생명을 다한 별이 자신이 만들어낸 원소들을 우주공간으로 퍼트린다는 게 우리가 별의 후손인 이유다. 우리의 몸과 지구상의 다른 생명체, 물질 등은 모두 이렇게 별의 내부에서 합성된 물질로 이뤄진 것이기 때문이다. 어떤 별의 폭발로 우리가 살아가는 이 태양계가 생겨났는지 알 수 없지만, 46억 년 이전 우리의 태양계 주변에서 수명을 다한 별이 있었다는 것만은 알 수 있는 것이다.

그러므로 "우주 속에 살고 있는 모든 것들은/ 먼지로 돌아가기 위한 몸짓"이라는 시인의 전언은 매우 과학적이다. 그런가? 그렇지 않다. 이러한 결론에 도달하기까지 이 시에는 수많은 실존의 질문이 넘실거린다. 삶에서 경험한 수많은 "유혹의 시간"이라는 섬세한 길들을 지나 마침내 생의 마지막을 마주하게 되는, 그리하여 그 '너머'의 삶을 엿보게 만드는 삶의 감각이 생생하다. 그와 단풍이 서로 닮아가듯, 시는 우리에게 스며드는 힘인 것이다.

천사의 거짓말

추수감사절 헌금을 몸이 불편해 인편으로 보낸 노모, 나중에 주보를 받아보니 본인 이름이 없었단다. 어찌 된 일인가 궁금함이 차올랐다. 발신자 번호가 휴대전화에 뜨는지도 몰랐던 노모, 고민 끝에 전도사에게 전화를 했다. 곧바로 이○○ 권사님이지요? 하길래 너무 당황한 나머지 엉뚱한 이름을 대고는 얼른 전화를 끊었다는데.

사람을 의심한 죄와 거짓말로 발뺌한 죄

얼떨결에 저지른 거짓말, 구십여 년을 살아오면서 왜 그런 말을 했는지. 며칠 밤, 잠을 이룰 수 없었단다. 이 일을 어찌하면 좋을지 아들에게 털어놓는 노모. 사실 그대로 알리고 편한 잠 이루자며 여차한 사정을 얘기했더니 한걸음에 달려오신 전도사님. 추수감사절 헌금은 사람이 너무 많아 원래 주보에 올리지 않는단다. 아차 싶어 하나님께 급히 용서를 구했다는 어린 노모.

천사의 환한 거짓말이었다

나이 90세를 일컫는 우리말은 '구순九旬' 혹은 '아흔 살'이다. 이 좋은 우리말을 밀어내고 졸수卒壽라는 일본식 표현을 사용하는데, 졸卒은 '마친다'라는 뜻이므로 마치 죽어야 할 나이라는 의미의 민망한 말이다.

화자는 구순의 노모를 '어린 노모'라는 역설과 '천사'라는 은유를 사용해서 부른다. 하나님의 어마어마한 나이에 비한다면 어린 게 맞고, 고작 그런 일에 '사람을 의심한 죄와 거짓말로 발뺌한 죄'를 지었다고 고백할 정도니 천사임이 분명하다. 그러니 역설과 은유라는 말을 빼자. 수사修辭가 아니고 사실을 기록한 거니 말이다.

겨울 문

단풍이 하도 고와 까치발로 다가서는데
한 잎 툭 떨어진다

구석진 양로원에 옹기종기 모여 앉은
퍼석한 낙엽을 밟았더니
중환자실 숨 가쁜 신음 흘러나온다

한 줄기 바람 따라
어이어이 쓸쓸한 곡소리 울리면
더 이상 붉을 수 없는
단풍의 마른 호흡이 바삭거리고

용쓰며 달려온 우리도
하얗게 물들어 가는 중이다

단풍도 바람도 그리고 당신과 나도
붉은 마음 다 태워 가벼워졌으니

이 가을, 훨씬 가벼워지겠다
이별도 차츰 가벼워지겠다

>
까치밥 홍시가
겨울 문까지 활짝 열어 주겠다

 "단풍이 하도 고와 까치발로 다가"선다는 화자의 마음이 오히려 고운 가을이다. 그러나 시의 2연에서 화자는 "구석진 양로원에 옹기종기 모여 앉은" 노인들, 혹은 죽음을 목전에 둔 중환자실의 환자를 빗댄 "퍼석한 낙엽"을 밟으며 "용쓰며 달려온" '당신과 나'의 삶을 떠올리고 있다. 까치밥으로 남겨 둔 우듬지의 "홍시"가 "겨울 문까지 활짝 열어 주겠다"라며 화자는 애써 미소 짓지만, 마음을 가볍게 비운다는 게 어디 그리 쉬운 일일까?
 가을은 인간 존재의 의미를 탐구하고 우리의 내면을 성찰하기 좋은 계절이다. 그런 의미에서 '낙엽'은 현존과 부재의 경계에 서 있는 것으로, 화자의 자기 고백과 내적 갈등을 응집한 시적 사물이다.

사랑은 아무나 하나*

식탁 위에서
포도알을 따 먹다가
아차! 그만 한 알을 떨어뜨리고 말았다

개한테 포도는 독약이라고 알고 있었으니

내 손은 칭기즈칸의 매가 되어
떨어지는 포도알을 잽싸게 낚아채는데

빤히 쳐다보고 있던 룽지가
남의 밥그릇 빼앗는 건
벌 받을 일이라며 달려들다
내 오른손 약지를 사정없이 물었다

혹시나
상처 감싼 손가락 보여주면
아픈 손가락 핥아줄까 싶었는데

사랑, 그거
아무나 하는 게 아니라며
못 본 척 고개 돌린다

   * 노래 가사 인용

따뜻한 식순

12월 11일
아버님 5주기 추도식 날

어머니를 모시고
팔 남매 중 육 남매 가족이 참석해
주기도문 "아멘"을 끝으로
식순을 마칠 때

액자 속에서 웃고 계시던 아버지
가족들 안부를 일일이 물으시고는
대선大選을 궁금해하신다

귓가에 들려오는
비염 섞인 아버지 목소리

십 주년 추도식 식순에는
모락모락 김 오르는 유자차 속에
대선 상황을
꼭 그려 넣어라 하신다

옛 모습, 여전하시다

까만 눈 내리는 날

언제쯤 까만 눈이 내릴까

꽁꽁 얼어붙은 그리움
부피를 키워 가더니
마침내 터져버린 사랑의 편린들

먼 길 달려온 숱한 발길
착지를 머뭇거리고
콧등 간질이며 귓속 파고드는
낯선 네 유희가
목덜미 빈틈까지 헤집는다

세월이 만든 내가 지켜야 할 울타리
하얀 눈에 질식된 겨울밤에는
돌담의 그 벽을 결코 넘을 수 없다

언젠가 까만 눈이 내리면
둥글게 말린 어둠, 몰래몰래 뚫고 나와
언 땅 함께 뒹굴며
그대 위한 진혼곡을 탄주하리라

우리 고전에는 불가능한 상황을 설정함으로써 자신의 소망이 영원하기를 기원하는 시적 형식이 존재한다. 가령 「정석가」의 화자는 사각거리는 모래 벼랑에 구운 밤 닷 되를 심어 그 밤에서 움이 돋고 싹이 나야만 임과 이별하겠노라고 다짐한다. 이루어질 수 없는 상황을 가정함으로써 영원히 이별하지 않겠노라는 속셈이다.
　그러나 이 시는 불가능한 상황을 설정하기는 하되, 임과의 만남이 이루어질까를 염려한다는 점에서 고전과는 상반된다. 까만 눈이 내리는 날 임과의 만남은 화자가 지켜야 할 윤리적 울타리를 넘어선다는 의미이기 때문이다. 해서 화자는 설령 만남이 이루어지더라도 그대를 위해 "진혼곡을 탄주하리라"라고 고백한다. 진혼곡은 로마 가톨릭교회에서 죽은 이를 위한 미사에서 연주하는 곡이다. 죽음마저 불사하는 사랑이 아니라, 상대의 죽음을 빌미로 애초에 만남을 차단하려는 무의식이다.
　약한 바람에도 꺼지는 게 촛불이라면, 거센 불길은 바람 앞에서 더욱 타오르기 마련이다. 불길이 두려워 묻어둔 그리움 하나 없는 삶은 가난하다. 그것은 하얀 눈이 부끄럽지 않은 윤리적인 삶과는 다른 차원에서 비참한 노릇이다.

힐링 타임

뜨거운 햇살로 태운 화상火傷
나뭇잎 곱게 분칠한 까닭은
유혹의 눈길 돌려 새싹 꼭꼭 숨기기 위한 것

울긋불긋 단장한 가을 식구들
마이산*행 관광버스는
시월의 마지막 날에 가득했다

노래봉지 터진 버스 안 좁은 통로
어디서 불어온 바람에 그토록 휘청거렸을까
단풍잎들, 혼란의 춤 속에 쿵닥쿵닥 거리며
소리소리 외친 것은
뚝뚝 떨어지는 가을이 슬펐던 것만은 아니었지

가을바람에 굴러온 누런 낙엽 하나
내 삶의 한 조각 파편인 듯, 속을 파고들고
몽둥이로 가슴 퉁퉁 내려치는 건
이제 불꽃 잔치 끝내고
나침반의 끈 팽팽히 당겨 바른 자세 취하라는 명령

보금자리 돌아올 때쯤에야

비우고 내려놓을 수 있었던 건
정성들여 쌓아 올린 마이산 돌탑이
침묵으로 가르쳐 준 것이다

아직도
봄날의 새싹, 다 숨기지 못한 몇 잎 목숨
나무 기둥의 강물은 말라가고

여전히
불덩어리 녹이는 아픈 여정이지만
태우는 사랑은 우리 삶의 불꽃
더 먼 강물을 당겨 올리기 위한
그런 가을 여행이었던 거

   * 전라북도 진안군 소재

구애

쥐 죽은 듯
납작 엎드려야 할 룽지가
초복 날 아침부터 짖어댄다

아파트 층간 소음 걱정에
가마솥 물이라도 끓여야겠다는 말에도
겁 없이 멍멍

매달리는 자세가
저토록 간절한 걸로 보아
그것은
초복 날의 각별한 구애

절대 잡아먹지 않을 거란 내 맘을
룽지는 이미 읽은 것이다

개한테 한 수 배우는 복날이다

어떻게든
간절하게 매달려야
사랑받을 수 있다는 걸

시인이 반려견인 룽지에게 배운 게 간절하게 매달려야 사랑받을 수 있다는 애정의 한 수라면, 이들에게서 우리가 발견하는 건 사랑에는 두려움이 없다는 점이다. 룽지는 보신탕도 모르고 층간 소음도 아랑곳하지 않는다. 주인의 사랑을 털끝만큼도 의심하지 않기 때문이다. 우리 역시 부모 그늘에서 세상 편하게 자라던 그때는 룽지처럼 자신만만했었다. "겁 없이" 그저 시끄럽게 굴거나 뛰어다닐 줄만 알았다.

어머니의 강

백일 세 생신날 아침
미처 다 켜지도 못한 촛불 남겨두고

요양병원 앰뷸런스가
신천 강변 과속방지턱에 덜컹댈 때마다
촛불도 함께 울컥

밤낮없이 홀로 삭히며 숨겨왔던
어머니의 눈물, 강물로 얼어붙었다

언 강물과 흐르는 강물 사이

병실에 누워
몸 뒤척이며 들려오는 강물의 말
잘 가라는, 잘 있다 오라는
예약해 둔 이별가의 가사처럼 들렸다

두고 온 어머니의 눈빛이
언 강물 아래 버림받은 듯 흐를 때
죄짓고 돌아선 나는 고드름처럼 얼어붙었다

먼 고향 바다 어디쯤에서 다시 만나게 될
그 애틋했던 오랜 물줄기들
당신 떠나신 지금도 흐르고 있다

생강나무와 도마뱀

생강나무
오롱조롱 연초록 이파리

황사 허공을
알몸으로 쪼이더니
허기진 도마뱀을 불러 올렸나

하늘거리는
절묘한 저 유혹

간밤에 꾼
사랑의 입술을
아침 이슬로 닦고 있다

 시의 1연은 평범한 시어의 소박하고 능란한 쓰임새가 매력적이다. 그러나 생강나무와 도마뱀이라는 대상이 가진 결을 세심히 되살리기 위해 필요한 것은 '서정적 감각'이다. 해서 시인은 '알몸'인 대상과 '허기진' 대상을 접촉시킨다. 결국 우리에게 필요한 건 생강나무의 흔들림이 간밤 꿈으로 뜨거워진('허기진') 도마뱀의 입술을 아침 이슬로 닦아주기 위한 유혹의 몸짓임을 구분하는 능력이다.
 이슬 맺힌 생강나무에 앉은 도마뱀이 선명한 영상으로 남는 시다. 하늘거리는 생강나무의 흔들림은 덤으로 오는 감각일 터이다.

게발선인장

발가락 끝 아슬아슬 줄지어 피운 꽃
멍든 발톱 빠지듯 떨어진다

피었다 지기까지
허리 한 번 펴지 못한 게 안쓰러워
따뜻한 거실로 옮겨 놓고

제상 앞에 허리 몇 번 굽혔다 일어나는 사이
돌아가신 아버지의 임종을 다시 보는 듯
툭툭 떨어지는 꽃들

딱정벌레처럼 줄줄이 매달려 살아온 팔 남매
몰래 삼킨 울음이 서로의 발톱에
검붉은 매니큐어를 발라주고 있는데

저승에서 건너온 아버지
당신의 슬픈 발톱도 칠해 달라고
넌지시 주문 걸어오신다

제 몸 태워 향이 된 재가
엉금엉금 붉은 발톱에 닿아
물빛 하늘로 오르고 있다

게의 발도 꽃이 되는

폭염

둘째 딸아이 서울 친구가
대구 구경 왔기에
시티투어를 권했더니

볼거리보다는 먹을거리에 관심 있다 한다

막창과 닭똥집에 소주 몇 잔 하고서는
찜 갈비 빼놓을 수 없었다며
밤늦게 들어오더니
이튿날은 따로국밥으로 땡볕 해장을 했다나

잘 먹고 떠난다며 인사를 건네기에
기억에 남는 게 뭔가 물었더니

얼얼한 얼굴로
더위 잔뜩 먹고 간다고 하네

하도 기가 막혀
나도 그만 헉헉

잣나무의 봄날

　봄 왔다기에 앞산 고산골* 올랐더니 잣나무 숲, 솎아내느라 온통 아수라장이다. 멀쩡하게 살아있는 나무, 왜 자르느냐 안타깝게 물었더니 솎아줘야 나무에게 더 밝은 세상이 온다 한다.

　어쩔 수 없이 솎아내야 한다니 싱싱한 밑동 잘린 잣나무들의 정리해고 앞에 운명이란 가끔 그런 거라며 위로의 말을 건넸다. 함께 온 산행 친구는 애초에 줄서기를 잘했어야 했다며 베어진 나무 향 앞에서 안타까운 조문을 읊조린다.

　봄 간다기에 앞산 고산골* 다시 올랐더니 줄 맞춰 선 잣나무들의 임관식, 찐득하게 남은 흔적들 밟고 선, 햇살 가득 씩씩한 거수경례다. 먼 남쪽 포구에서 올라온 연분홍 손수건들 군데군데 붉은 답례를 보내고 있었다.

　　* 대구광역시 남구 앞산

남들 다 솎아지는 세상에서 내가 재수 좋게 살아남았다면, 그것도 남들 보기에 삶이 번듯하다면 '신기'한 일이다. 그런데 "밑동 잘린 잣나무들의 정리해고"가 있었기에 '나'의 안녕이 따른다고 생각하면 그때부터 세상은 '신비'롭다.

  신기한 세상은 즐거움에 치우치고 신비한 세상은 거룩함을 불러온다. 신비한 세상을 살아가는 사람은 자신의 밝은 운명에 그만한 값을 치르려 든다. "찐득하게 남은 흔적들"에 "붉은 답례"를 보낼 줄 안다. 세상이 신비하기에 자칫 하찮게 보이는 남들의 삶도 함부로 재단하지 않는다. 신비한 세상은 우리가 알지 못하는 섭리가 간섭하기 때문이다.

불통의 핑계

모기 한 마리 방충망 붙잡고 엉엉 운다

야생화 피는 둔덕 어디쯤엔
그의 사랑도 남아있을 테지만
먹이는 불빛 주변에 많다는 걸 알아
촘촘한 철사의 눈금에 걸려든 것

징징거릴 울음은
너와 나의 경계에 걸려
고요를 흔드는 너의 목청에
바짝 긴장하는 내 몸의 세포들

빤히 보이는 창을 넘지 못한 게
어디 너뿐일까
철망이 녹슬었다는 건
그만큼 우기의 세월을 견뎌왔다는 것

내가 물릴까 봐 그러는 것이 아니라는
핑계를 핑계로
찢긴 내 마음의 빈틈을
구석구석 깁고 있는 중이지

못 말리는 봄 처녀들

도화선에 불 댕긴 봄 처녀
스카프 휘날리니
우르르 몰려나온 붉은 조끼들

불바다 비슬산*에
119 소방대는
비상경보도 울리지 않았는데

북송을 재촉하는
쿡쿡 찌르는 봄비

'카톡카톡'
핑크빛 구조 신호음, 요란하다

   * 대구광역시 달성군 유가읍 소재, 진달래 축제로 유명함.

입덧 씨앗

수박을 쪼개는데
지난 세월이
시뻘건 화염 속에 까맣게 타버린 채
입덧의 씨앗으로 우르르 쏟아졌다

결혼 후 십수 년 만의 임신
방방곡곡에 온갖 사연들 숨겨놓았다

애쓴 마음 달래려고 찾아간
그해 여름 주말의 보문단지*
하필이면 복날이 탈이었다

보문호수 오리 배
또 하나 신비로운 생명에 가슴 흔들다가
자정쯤 그녀
문득 수박이 먹고 싶다 했다

주변 가게는 동이 나고
시내에 가보라는 가게주인의 말에
시간 낭비, 기름 낭비라며 차갑게 내린 결론
옆자리의 입덧은
어둠 속에 모습을 감춘 걸로만 알았는데

〉
녹색의 둥근 평화 속에
그대로 박혀있었던 입덧 씨앗들

평생을 두고도 지울 수 없는
야속한 후회가 될 줄이야

　　* 경주시 보문관광단지

　성경은 믿음의 조상 아브라함이 하나님으로부터 약속받고도 아들 이삭을 얻기까지 걸린 시간이 25년이라고 기록한다. 그의 나이 백 살 때였다. 화자 부부에게 아기가 오기까지는 결혼하고 십수 년. 아브라함의 인고와는 비교할 바 아니지만, 인간적으로는 숨 막히도록 지루한 시간이다. 임신은 한 사람의 몸 안에 다른 생명이 깃든 기적이자 '너와 나'의 사랑이 결실하여 자라는 황홀한 경험이다. 더군다나 소중한 생명이 찾아오기까지의 과정이 길고도 험난했던 만큼, 주말에 보문단지로 여행을 떠난 두 사람의 기쁨도 마냥 컸으리라.
　그런데 입덧 중인 아내가 먹고 싶다는 수박이 홍보가 타던 박보다 구경하기 힘든 놈이 되고 말았다. 하필 그날이 복날이었던 것. 이후에 화자가 저지른 엄청난 실수는 그가 고백한 대로다. 어쩌면 좋은가! 씨 없는 수박은 있어도 입덧할 때 받은 서러움을 잊는 여자는 없으니 말이다.

에필로그

1.

우리 속담에 이런 말이 있다. '콩 심은 데 콩 나고 팥 심은 데 팥 난다.' 뿌린 대로 거둔다는 것이다. 콩을 심어놓고 팥이 나기를 기대할 수 없고 팥을 심어놓고 콩이 나기를 또한 기대할 수 없다. 이 속담에는 인과응보라는 인식 외에도 심게 되면 반드시 거두게 된다는 믿음이 깔려 있다. 지나온 내 삶을 되돌아본다. 과연 나는 내 인생의 밭에 무엇을 심었고 무엇을 거두었는가?

2.

몇 해 전, "글밭에 겨우 씨를 뿌린 정도가 등단이 아닐까?"라며 시인으로서의 소감을 밝힌 적이 있다. 그리고 그 텃밭을 소중히 가꾸어 가야겠다고 다짐도 했었다. 이런저런 핑계로 게을러진 자신이 부끄럽기도 하지만 한 권의 문집이라도 남겨야겠다는 소박한 꿈을 여기 풀어놓는다.

힘들고 어려운 시대를 살아왔다. 순탄하게만 살아오지도 않았지만 그렇다고 가시밭길만 걸어온 것도 아니다. 희로애락이 뒤엉켜있는 숱한 추억들이 있다. 엉킨 실타래를 하나씩 하나씩 풀어야 한다. 글쓰기를 통해 잡히지 않고 보이지 않는 나의 소중한 열매들을 찾으려 노력했다. 멈춘다는 건 퇴

보하는 것이다. 글밭에 뿌린 씨앗이 튼튼하게 뿌리내려 내 생의 마무리가 보람으로 가득했으면 좋겠다.

3.

"자기가 주관자로 사는 사람은 자기의 삶과 현실에 몰입하므로 눈이 멀 수가 있다. 방관자로 사는 사람은 핵심으로부터 눈을 돌리거나 냉소적이어서 삶의 진면목을 잃기 쉽다. 하지만 관찰자로 사는 사람은 그 두 가지 태도를 아울러 가질 수 있다. 시인의 삶, 시인의 태도, 시인의 자리는 바로 세 번째의 삶인 관찰자의 삶이어야 한다. 하나의 통합인 것이다."

나태주 시인의 글이다. 여기에 나의 의견을 보탠다면 사람에게는 세 가지의 눈이 있다. 과거를 보는 눈과 현재를 보는 눈, 그리고 미래를 보는 눈이다. 물론 내가 말하는 '눈'은 과거의 자랑에서 벗어나지 못하거나 현재만 골몰하느라 미래를 내다보지 못하는 어리석은 시선을 말하는 게 아니다. 과거를 성찰함으로써 현재를 반성하고, 또한 미래를 능동적으로 그릴 수 있는 '눈'을 말함이다. 그리고 시인이란 이 세 개의 눈을 동시에 가질 수 있는 존재여야 한다는 생각이다. 세 개의 눈을 가진 채 관찰자로 살아가는 삶. 그런 시인이 되지는 못했으나 그런 시인이 되고자 노력하고 싶다.